Reitmajer, Monika:
Kindheit in München – in den 50er Jahren
Oberding: Reimo-Verlag, 2023

ISBN 978 – 3 – 942867 – 78 – 8

Am Mitterfeld 3, 85445 Oberding
Tel. 08122 / 47 99 715 Fax: 08122 / 47 99 714
eMail: reimo_verlag@gmx.de
www.reitmajer-verlag.de

Covergestaltung: Monika Reitmajer

ISBN: 978 – 3 – 942867 – 78 – 8

1. Vorwort

„Kindheit in München – in den 50er Jahren“ ist 2008 erstmalig erschienen, also vor nunmehr 15 Jahren.
Da das Buch schon länger auf dem Markt und mittlerweile vergriffen ist, aber weiterhin Nachfrage nach ihm besteht, entschloss sich der Verlag, es neu aufzulegen, um es weiteren interessierten Leser/innen zugänglich zu machen.

Ich hoffe, dass sich viele Leser/innen, die im München der 50er Jahre aufwuchsen, in der einen oder anderen Geschichte wiederfinden.

Monika Reitmajer, im Januar 2023

2. Vorwort

Die ersten zweieinhalb Jahrzehnte meines Lebens verbrachte ich in München, später lebte ich – bedingt durch berufliche Erfordernisse – auf dem Land.

Wenn ich nun des Öfteren von Freunden und Bekannten gefragt werde, wie ich mich auf dem Lande eingelebt hätte oder auch, wie man es dort „aushalten“ könne ohne Großstadt, muss ich meistens schmunzeln.

Meine Antwort ist eigentlich immer dieselbe. Ich schwärme geradezu vom Grün und der Geruhsamkeit und den kleinen, aber feinen Kulturereignissen, die auf dem Lande geboten werden.
Andererseits kommt manchmal die Frage in mir auf, ob ich das Landleben vielleicht etwas zu sehr beschönige.

Ging mir nicht mitunter die fehlende Anonymität gehörig auf die Nerven? Und war es nicht auch so, dass mir die anregenden Freizeitmöglichkeiten und das pulsierende Leben in der Großstadt gefehlt haben?

Als ich das Plakat der 850-Jahr-Feier der Stadt München im Jahr 2008 sah, blitzten plötzlich Erinnerungen an meine Kindheit auf.

Ich musste an das wunderbare Feuerwerk denken, das ich anlässlich der 800-Jahr-Feier im Jahre 1958 als zehnjähriges Mädchen mit meinen Klassenkameradinnen erleben durfte.
Dieses Feuerwerk auf der Theresienwiese war für mich so etwas Besonderes und Beeindruckendes, dass ich noch lange davon schwärmte.

Diese Erinnerung weckte weitere Assoziationen und Geschichten aus meiner Kinder- und Jugendzeit in München in mir. Es war, als beträte ich nach langer Zeit einen alten Speicher voller Dinge aus der Vergangenheit, die von Spinnweben, gehörig Staub und Patina bedeckt waren. Ich bekam Lust, den „Staub“ wegzupusten und die Bilder meiner Kindheit von der „Patina“ zu befreien.

Das war die Geburtsstunde dieses Büchleins.

Alte, vermeintlich vergessene Erinnerungen an meine zwiespältigen Erfahrungen mit dem Kindergarten tauchten auf ..., ich sah meine „jungfräulich“ anmutende Lehrerin mit dem Spitznamen „Düsenemma“ vor mir in der Volksschule in Sendling, der Mief des Wohnungsamtes der Nachkriegszeit stieg mir in die Nase, aber auch die herrlichen Düfte der gebrannten Mandeln und der Zuckerwatte, dieses wunderbaren „Baaz“ , der auf dem Oktoberfest so einen herrlich klebrigen Zuckermund machte ...
... ich hörte wieder das Kreischen der Straßenbahn vor unserer Wohnung, das einen Wecker unnötig machte, und das wilde Schreien der Gemüseverkäufer in der Großmarkthalle, und sah vor mir die stille, Ehrfurcht gebietende Aufbahrung der Toten in der Aussegnungshalle des Münchner Waldfriedhofs...

Von all dem will ich nun erzählen!

Monika Reitmajer, im Dezember 2008

Inhalt

„Des weard der Tante Draudi g´sogt ...“

In meinem Geburtsjahr, 1948, ist der von mir sehr verehrte Karl Valentin mit 66 Jahren gestorben; ich fand es immer schade, dass ich ihn nicht mehr zu seinen Lebzeiten auf der Bühne erleben durfte.
Wesentlicher als diese Tatsache ist natürlich, dass ich 1948 ein sehr erwünschtes zweites Kind meiner Eltern war. Was kann einem Besseres passieren! Auch wenn meine Schwester alles andere als erbaut war von meinem plötzlichen Dasein und meine Eltern wissen ließ, dass man mich eigentlich nicht brauche, wurde mir eine sehr wohlwollende elterliche Fürsorge während meiner ersten Lebensjahre zuteil. Ich bin froh, dass meine Eltern mich nicht in eine dieser Krippen steckten. Ich wäre dort nicht glücklich geworden, da ich es zu Hause sehr gut aushalten konnte mit den Knöpfen und Garnrollen, die ich in der Nähwerkstatt meiner Mutter vorfand, mit dem Schneiderrädchen, mit dem ich später die Schnittmusterlinien nachfuhr, mit der Schere, mit der ich bald profimäßig hantierte, meine Stoffe zurechtschnitt und für meine Puppe und den Teddy Kleider „nähte“.

Diese Idylle endete, als ich fünf Jahre alt war. Meine Mutter meinte, dass ich meinen Horizont erweitern sollte, meine Schwester sei schon in der Schule, da wäre ein Kindergarten für mich doch was Wunderbares.
„Mama, wos is´n a Kindergarten?“, fragte ich, den ich konnte mir unter einem Kindergarten natürlich nichts vorstellen. Einen Heimgarten kannte ich, in dem pflanzte meine Mutter Blumen, aber ein Kindergarten?
„ A Kinnergarte is ke Garte, des heißt nur so. Dort sinn viel Kinner, die genauso alt sinn wie du und dort immer jemand zum Spiele ham, des is doch schö, findst nit?“, erklärte mir meine Mutter in ihrem undefinierbaren unterfränkischen

Dialekt, der manchmal auch mit oberbayerischen Brocken durchsetzt war.

„Aba Mama, i hob´ doch scho so vui Kinder, z.B. die Christl, die Lydia, den Ferdi, den Hans-Jürgen, die Roswitha und ...“

„Des scho, aber dort sinn noch viel mehr Kinna und ma lernt auch was.“
Ich fand diese Argumentation nicht sehr überzeugend, ließ mich aber auf den Vorschlag meiner Mutter ein, mir diese Einrichtung wenigstens einmal anzusehen. Das war genauso wie bei einem Essen, das ich nicht kannte, aber davon probieren sollte. Ich hatte meine Zweifel, ob mir der Kindergarten „schmecken“ würde.

Meine Mutter stattete mich mit einer braunen, ledernen Kindergartentasche aus – es gab damals nicht so viel Buntes für Kinder wie heutzutage – und brachte ihr sehr ernst dreinblickendes Kind auf dem Fahrrad in die Kidlerstraße in Sendling, wo sich der Kindergarten befand. Ich presste die Lippen zusammen und sagte keinen Ton, aber ich wusste gleich, als ich das graue Gebäude sah, dass ich es abstoßend und hässlich fand.
Ich schluckte schwer, als mich die katholische Nonne und Kindergartenschwester, wie man damals sagte, an die Hand nahm, während meine lächelnd winkende Mutter bald nur noch ein winziger Punkt in der Ferne war und der Kloß in meinem Hals größer und größer wurde.

Es gefiel mir nicht, was ich zu hören und zu sehen bekam: ein fürchterliches Geschrei mir gänzlich unbekannter Kinder, die noch dazu sehr fröhlich wirkten!
Ich beschloss, mich hier nicht wohl zu fühlen, weder mit den Perlen zu spielen, die man auffädeln sollte, noch mit dem anderen Spielzeug, z.B. Holzbausteine, die man ineinander-

stecken konnte, wie ich es bei den anderen Kindern sah. Es gab nicht sehr viel in diesem Nachkriegskindergarten, einige Malstifte, Papier und auch einige Spiele und Bücher.
Man musste immerzu etwas machen, wenn nicht Perlen auffädeln, dann singen oder ein Gedicht lernen. Zu Hause konnte ich auch mal in der Ecke sitzen, am Daumen lutschen und nichts tun. Was mich am meisten beunruhigte, waren einige Kinder, die ihre kleinen Zeigefinger warnend hin- und herbewegten und die Augen rollten, während sie sagten: „Des weard der Tante Draudi g´sogt, des weard der Tante Draudi g´sogt!“, was mich sehr einschüchterte, denn ich hatte schon mal gesehen, dass jemand eine Ohrfeige von Tante Draudi, der neben der Nonne zweiten Erzieherin, bekam, und das wollte ich unter allen Umständen verhindern.

Draußen im Freien gab es einen sogenannten Garten, der gar nicht nach einem solchen aussah, da in ihm keine Blumen wuchsen – wie in unserem Heimgarten –, obendrein war es dort wegen der großen Bäume sehr dunkel und kühl. Ich weiß nicht mehr genau, ob es in ihm Schaukeln gab oder einen Sandkasten oder Ähnliches, das hätte mich vielleicht etwas freundlicher gestimmt.

Die anderen Kinder würdigten mich keines Blickes, sie wollten mich nicht kennenlernen und nicht mit mir spielen, es kümmerte sich auch sonst niemand um mich, also litt ich den ganzen Vormittag über still vor mich hin. Keiner nahm meinen Seelenzustand wahr, jedenfalls hatte ich diesen Eindruck, denn ich fühlte mich vollkommen allein. Aber ichglaubte, ich müsste nun „tapfer“ sein (wie meine große Schwester, die in die Schule ging), und sagte meiner Mutter nicht, dass es mir nicht gefiel im Kindergarten. Also wurde ich weiterhin an diesen unliebsamen Ort gebracht, und der Kloß in meinem Hals wollte sich einfach nicht auflösen, im Gegenteil, er wurde täglich größer.

Aber es nahte Rettung, und zwar in Gestalt meiner Oma! Wenn meine Mutter keine Zeit hatte, mich in den Kindergarten zu fahren, begleitete mich meine Oma dorthin zu Fuß. Der Weg zum Kindergarten wurde mir versüßt, da meine Oma mir an einem „Standl“, in dem es Zigaretten und Süßigkeiten gab, eine Wundertüte oder einen „Dubble Bubble“, wie wir es als Kinder lautgetreu aussprachen, für je 10 Pfennige kaufte.
Als Oma mich eines Tages angesichts des nahenden Kindergartens fragte:
„Kind, warum schaugst denn gar so grantig?“, konnte ich die Tränen nicht zurückhalten, obwohl ich mich dafür hasste. Ich war doch schon so ein großes Mädchen und heulte noch und kam mir dabei wie eine Versagerin vor.
Oma nahm meinen Seelenzustand sehr ernst und kehrte mit mir um, nach Hause zurück. Das hatte ich kaum zu träumen gewagt! Schließlich fanden sich meine Eltern damit ab, dass ich keinen Spaß im Kindergarten hatte, und meldeten mich ab.

Viel später, als ich erwachsen war und im Rahmen meines sozialpädagogischen Studiums ein Praktikum in jenem Kindergarten machte, berichtete ich den Erzieherinnen von meinen Erfahrungen als Kind. Sie schmunzelten und meinten, das wäre damals eine andere Zeit gewesen. Die „Tante Draudi“ und die Klosterschwester, vor deren Ohrfeigen ich mich so gefürchtet hatte, seien buchstäblich bis zur letzten Lebensstunde im Kindergarten gewesen, also praktisch in ihm gestorben.

Mein Onkel Ossi, von dem noch die Rede sein wird, hätte gesagt: „Schod um de scheeene Kindheit!“

„Kartoffeln, Kartoffeln, 10 Pfund eine Mark!“

Die Handarbeitsstunden, in denen man – mit MEZ Häkelgarn – aus Hunderten von Luftmaschen mühselig, aber gleichzeitig auch lustvoll ein Einkaufsnetz herstellte, sind noch immer in mein Gedächtnis eingegraben:
Die „Löcher“ nur aus luftigen Maschen, Luftmaschen eben, die Tragehenkel aus festen Maschen, damit sie später den Lasten auch wirklich standhielten ...
Diese Einkaufsnetze – Vorläufer der damals weniger gebräuchlichen Plastiktüten – konnte man auf kleinste Größe zusammenknüllen (woran man bei einer Plastiktüte eher scheitern wird), sie passten überall hin, auch in die Taschen der damals noch weit verbreiteten Kleiderschürzen.
Das „Netz“, wie meine Oma sagte, hing an einem Haken in der Küche, von wo wir Kinder es schwungvoll wegnahmen, wenn wir zum Einkaufen geschickt wurden.

Allwöchentlich an einem bestimmten Tag ertönte ein lautes Bimmeln auf der Straße, die Fenster öffneten sich, obwohl natürlich jeder wusste, dass dem Bimmeln eine kräftige, durchdringende Stimme folgen würde, die der „Kartoffelfrau“ gehörte:
„Kartoffeln, Kartoffeln, 10 Pfund eine Mark“, mit diesen Worten bot sie ihre Ware feil, gefolgt von einem weiteren Bimmeln. Das ging eine Weile so weiter, bis sich viele Türen der Mietwohnungen öffneten und die Leute die Treppen hinunterliefen, mit Netzen oder Kübeln ausgestattet.
Meine Mutter drückte uns ein Markstück in die Hand. Sie schärfte uns ein, einen bestimmten Betrag nicht zu überschreiten, da man vom geöffneten Fenster aus nicht immer alles genau hörte. Wir wussten, dass wir z.B. fünf Pfund Kartoffeln für eine Mark nicht kaufen durften.
Vor dem Haus drängelte sich alles um den Karren, der voll beladen mit Kartoffeln war, dahinter die kleine, schon ältere

„Kartoffelfrau“, die den ganzen Tag ihren Karren durch die Wohnviertel zog. Alles an ihr roch nach Kartoffeln, ihre Hände und ihr Gesicht waren faltig und von einem feinen, kartoffelig-erdig riechenden Staub überzogen, als würde man durch ein Kartoffelfeld gehen. Diese Frau schien mit den Jahren ihren Produkten immer mehr zu ähneln, so graubraun, wie sie aussah und roch!
Als Kind faszinierte mich der große Berg Kartoffeln, die etwas ganz und gar Kreatürliches und irgendwie auch Sinnliches ausströmten, etwas anderes verkaufte sie nicht. .

Mit einer überdimensionalen Schaufel schippte die „Kartoffelfrau“ ihre Ware zuerst auf eine Eisenwaage und tarierte diese erstaunlich geschickt und schnell aus, um beim Befüllen der Netze, Taschen und Eimer schon die Menge und den Preis zu nennen, denn es durfte ja nicht zu langsam gehen, sonst liefen am Ende die nervösen Stadtkunden noch weg.
Ich bewunderte das Wiegen ebenso wie das Befüllen der Behältnisse und wartete im Stillen darauf, dass vielleicht einmal eine Kartoffel zu Boden fiel. Aber dazu war sie viel zu geschickt, was meine volle kindliche Bewunderung hervorrief.
Ich machte mir Gedanken darüber, was die „Kartoffelfrau“ wohl am Ende des Tages mit den vielleicht übrig gebliebenen Kartoffeln tun würde, deshalb fragte ich sie danach. Sie lächelte – das erste und einzige Mal, dass ich irgendeine Bewegung in ihrem Gesicht sah, – und meinte:
„Meist bleibt nichts übrig und wenn doch, verschenke ich sie oder verbrauche sie selbst.“

Wenn alle Kunden zufriedengestellt waren, zog die Frau ihren Karren weiter in die nächste Straße, und man hörte aus der Ferne das immer leiser werdende Gebimmel einer Glocke, das eine Woche später erneut auch in unserer Straße wieder ertönen würde.

Leichen anschauen auf dem Waldfriedhof: „Jetz is a wia olle andern!"

Kinder und der Tod, das ist ein sensibles Thema, Kinder und Beerdigungen ebenfalls, aber Kinder und Leichen, dieses Thema würde man normalerweise eher in einem Gruselfilm ansiedeln als in Kindheitserinnerungen.

Als ich klein war, ging ich oft mit meinem Vater auf den Waldfriedhof, da hier meine Großeltern und weitere Verwandten begraben waren. Die vielen anonymen Gräber betrachtete ich mit jener besonders Großstadtkindern eigenen Distanziertheit. Die Gräber der Kinder erweckten in mir eine Mischung aus Rührung und Scheu. Kleine Kinder konnten sterben, weil sie von einem Auto überfahren wurden oder weil sie beim Baden ertranken, von beidem hatte ich schon gehört. Mir vorzustellen, dass ein ebenso kleines Kind wie ich in einem dieser Gräber liegen sollte, war ebenso unwirklich wie schrecklich.

Der Aussegnungshalle und dem „Leichenhaus" brachte ich für mein zartes Alter ein erstaunlich großes Interesse entgegen. In der Aussegnungshalle war ich schon einmal gewesen, als meine Großmutter gestorben war. Ich empfand diesen großen Saal trotz der traurigen Begebenheit als erhaben und schön. Vom „Leichenhaus" fühlte ich mich als Kind beinahe magisch angezogen. Heute empfinde ich die Bezeichnung „Leichenhaus" eher als pietätlos, als Kind nahm ich sie bedenkenlos in mein sprachliches Repertoire auf.
In dieser großstädtischen Aufbahrungsstätte waren und sind ja immer etliche Tote untergebracht, bevor sie ausgesegnet und beerdigt werden, immer einer durch Blumenbüsche und ein Fenster vom anderen getrennt und in der Regel mit Namen

und Alter versehen, auf einer Tafel an der Wand war auch der Beruf des Verstorbenen angegeben.
Früher wie heute stehen die blumengeschmückten Särge zwischen hohen grünen Büschen. Heutzutage sind die Särge geschlossen und manche „Fenster“ durch einen Vorhang den Blicken entzogen.

Früher waren jedoch viele Särge geöffnet, sodass man die Toten sehen konnte. Ich betrachtete sie lange und genau und voller Staunen und habe keinerlei Schrecken und Entsetzen dabei gespürt.

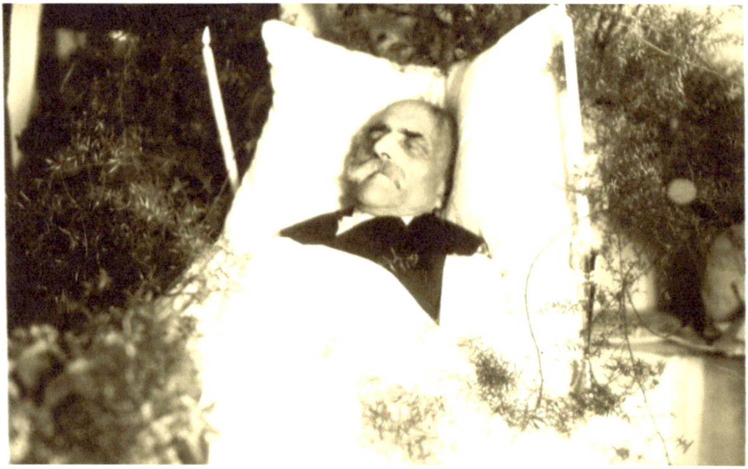

Aufgebahrter alter Mann

Auf einem weißen, weichen Kissen lagen sie, die wächsern bleichen Finger oft mit einem Rosenkranz umwickelt, die Frauen waren meist schwarz und feierlich gekleidet, die Männer im Anzug.
Die Gesichter der Toten sahen fast alle spitz und knochig aus, die meisten wächsern bleich, es gab aber auch volle braune Gesichter darunter, eine gelbliche Bräune, die den leicht rötlichen Ton der Lebenden vermissen ließ.

Mit großer Gründlichkeit betrachtete ich auch den Gesichtsausdruck der Toten: Man hatte mir erzählt, dass sie nun im Himmel seien und nie mehr leiden müssten ... Manche schienen denn auch in sich hinein zu lächeln. Vielleicht, so überlegte ich, war das ein gutes Zeichen und ein Beweis für das Weiterleben in der ewigen Glückseligkeit. Manche allerdings machten einen überaus ernsten und trotz des Todeszustands noch leidenden Eindruck und verleiteten mich zu der Annahme, dass vielleicht doch nicht alle Verstorbenen im Himmel waren. Allen gemeinsam war das unendlich Entrückte, das sie ausstrahlten, sie schienen unendlich viel weiter entfernt als nur die kleine Distanz, die sie durch die Glasscheibe von den Lebenden trennte.
Heute denke ich mir, dass Landkinder damals einen viel weniger anonymen Zugang zum Tod hatten als wir Kinder, die wir in der Stadt aufwuchsen. Immerhin kannten sie die Leute oft, deren Namen sie später auf den Grabsteinen vorfanden. Vielleicht hatten sie sogar zu Hause von ihren aufgebahrten Großeltern Abschied nehmen können.
Als ich lesen konnte, studierte ich auch die Alters- und Berufsangaben auf den Grabsteinen und in der Aussegnungshalle. Für mich waren es in der Regel lauter alte Leute, auch wenn sie erst vierzig waren, und die Berufe sagten mir natürlich nur teilweise etwas. Haften geblieben ist mir die lakonische Bemerkung meines Vaters:
„Der is jetz koa Regierungsdirektor mehr, jetz is a wia olle andern ...“
Mein Vater, der manchmal diesen trockenen „Karl-Valentin-Humor“ hatte, hatte noch mehr solcher saloppen Sprüche bei der Betrachtung der Toten parat: „Aba schlecht hod a scho aus´gschaugd, koa Wunda, dass a gschtorm is!“
Da lachten wir beide, und so konnte sich bei mir kein Schrecken über den Tod einstellen, einmal wegen des gründlichen Toten-Studiums in der Aufbahrungshalle und zum andern wegen des Humors meines Vaters.

Die Leichtigkeit dem Tod gegenüber ging mir im Lauf des Erwachsenenlebens mehr und mehr verloren, denn der tote Mensch wird ja heute oft sehr schnell durch Kühlkammern und schnell geschlossene Särge den Blicken der Lebenden entzogen.
Und kaum jemand weiß, dass man auch heute, auch in der Großstadt, einige Zeit den Verstorbenen zu Hause aufbahren und sich von ihm in Ruhe verabschieden kann, wie es in früheren Zeiten auf dem Lande eine Selbstverständlichkeit war.

Die Wies'n – das Oktoberfest

Ich war ein sogenanntes „braves Kind“, das nicht oft widersprach und nicht allzu viele Forderungen stellte, wie das halt vor fünf Jahrzehnten so üblich war.
Mit einer Ausnahme: Wenn die Zeit des Oktoberfestes nahte, entwickelte ich einen sehr nachhaltigen Starrsinn und ein für mich ansonsten eher unübliches Aufbegehren:
„Mama, wann hol ma endlich die Wies'n vom Speicher, wir möchtn so gern damit spuin!“
Unsere Mutter war von diesem Wunsch ein ums andere Mal genervter, sie wiegelte ab und meinte, das sei sowieso nichts zum Spielen, und Platz hätten wir in der Wohnung schon gar nicht. Nun wird sich der Leser fragen, seit wann man die Wies'n vom Speicher holen kann?

Ich hatte einen Onkel, den ich leider nie kennenlernen durfte, weil er im Krieg gefallen war, der in 15-jähriger, allergeduldigster Handarbeit ein Mini-Oktoberfest angefertigt hatte. Da er von Beruf Feinmechaniker gewesen war und das Oktoberfest mehr liebte als die Durchschnittsmenschen, hatte er diese unendliche Mühe auf sich genommen.

Und so war ein in fast allen Details originalgetreues Abbild der Wies'n der Jahre 1924 – 1939 in Miniaturformat entstanden:

Spielen mit der „Mini-Wies'n“

einige Bierzelte, ein Hippodrom, Kinderkarussells, Schiffschaukeln, kleine Wurststandl, ein Tobbogan, eine Krinoline und vieles andere mehr. Mein Onkel hatte mit einer Blechschere kleine und allerkleinste Teile zugeschnitten, um sie danach zu löten und mit winzig kleinen, bunten Miniaturmalereien zu versehen, z.B. an der Oberseite eines Kettenkarussells. Mir wurde gesagt, er habe sein Abbild der Wies'n auch noch elektrisch betreiben und mit kleinen Figuren versehen wollen, aber dazu war er nicht mehr gekommen.
Kann man sich als Kind etwas Herrlicheres vorstellen, als mit der „Wies'n“ zu spielen, selbst wenn sie als Spielzeug eigentlich viel zu kostbar ist? Zusätzlich zu diesem schönen Erlebnis fragten jedes Jahr einige Zeitungsreporter an, wir durften unsere „Wies'n“ auf zwei Tischen mit weißen Tischdecken aufbauen helfen und strahlten danach in die Pressekamera.

Die „Wies'n“ **musste** vom Speicher geholt werden, worüber wir sehr froh waren. Wir suchten alle kleinen Püppchen zusammen, die wir besaßen, und setzten sie in die Karussells, die wir von Hand mit großer Geschwindigkeit bewegten, sodass die Püppchen nur so herumflogen.

Spaß mit der „Mini-Wies'n“

Als ich etwa zwölf Jahre alt war, bekamen meine Eltern ein Angebot einer großen Münchner Brauerei, die das Mini-Oktoberfest kaufen wollte. Wir Kinder protestierten heftig, obwohl wir in diesem Alter nicht mehr damit spielten; wir bettelten und flehten, leider aber siegte der Pragmatismus meiner Eltern, die meinten, dass es bei uns auf dem Speicher langfristig nicht besonders schonend aufgehoben sei und es von dieser Brauerei auf der echten Wies'n einem angemessenen Zweck zugeführt würde:
Es sollte bei einer internen Eröffnungsfeier auf den Tischen als Dekoration aufgestellt werden.

Ich verdrückte einige Tränen, da ich nur ein kleines Karussell behalten durfte, das gesamte Modell aber für einige lächerliche hundert Deutsche Mark von unseren Eltern verkauft wurde.
Mir tut es heute noch weh, dass meine Eltern unsere Wies'n weggegeben haben. Nach meinem Empfinden wäre es passender gewesen, sie dem Münchner Stadtmuseum zu übereignen.

Natürlich lernte ich sehr bald auch die reale Wies'n kennen. Obwohl meine Mutter nicht der größte Freund des Oktoberfestes war, ging sie jährlich einmal mit uns Kindern dorthin, meist an einem billigeren Kindernachmittag. Ich glaube mich zu erinnern, dass die Theresienwiese damals noch nicht so überfüllt war wie heutzutage, man konnte nachmittags relativ geruhsam durch die Straßen schlendern.

Besonders gut erinnere ich mich an einen Liliputanerzirkus, der einmal gastierte. Es zog uns Kinder mächtig an, diese kleinen Menschen in der Manege zu sehen, die kaum größer waren als wir.
Soweit ich mich erinnern kann, gab es dort Clowns, die besonders putzig wirkten, aber auch Tiere und artistische Darbietungen. Als ich etwa drei Jahre alt war, sah ich in diesem Zirkus das erste Mal einen Feuerschlucker. Ich konnte es nicht fassen, als ich sah, wie erwachsene Menschen Feuer schluckten, denn uns Kindern hatte man doch eingebläut, mit Feuer vorsichtig zu sein!
Ich sagte aufgeregt zu meiner Mutter: „Des derf ma doch gor ned!“ Es war für meine Mutter sicher nicht leicht, hierauf etwas Passendes zu erwidern ...
Die artistischen Darbietungen in der Zirkuskuppel bestaunte ich mit großen, entsetzten Augen und meinte: „Wenn de do 'runterfoin?! Des geht doch ned!“ Ich fand das alles mörderisch aufregend und gefährlich, nichtsdestoweniger faszinierte

es mich – vor allem, weil es so kleine Menschen waren, die diese Künste vollbrachten.
Das Allerbeste aber war, dass man nach der Vorstellung die Wohnwagen der Liliputaner besichtigen durfte. Endlich konnte ich die kleinen Menschen aus der Nähe betrachten und ihre Möbel, die allerdings (bis auf die Höhe der Schränke) genauso groß waren wie die bei uns Zuhause. Auf die Idee, dass das Angaffen der kleinwüchsigen Menschen eigentlich eine sehr voyeuristische Angelegenheit war, kam ich damals nicht.
Es gab ja auch in anderen Buden die „Dame ohne Unterleib“, die „dickste Frau der Welt“ und „Neger“ zu begaffen, das empfand man damals als „Sensation“, wir Kinder sowieso! Allerdings haben wir diese Shows nie zu sehen bekommen, vermutlich, weil unser Wies’n-Taschengeld nicht reichte.

So ließen wir uns in der Krinoline schaukeln, eine Art Karussell für ältere Leute, die es gern gemütlich haben, rutschten mit dem Teppich das Tobbogan hinauf, um auf der überlangen Rutsche herunterzurutschen, flogen im Kettenkarussell dahin und aßen anschließend gebrannte Mandeln.

Später, als ich größer war, lag meine Schule direkt an der Theresienwiese, so konnten wir beinahe täglich nach der Schule durch die Wies’n gehen und unser Taschengeld anlegen, das zur Wies’nzeit immer etwas höher ausfiel. Die Kosten waren um 13 Uhr noch etwas erschwinglicher als am Nachmittag und Abend.
Im Vergleich zu heute waren die Fahrgeschäfte bei weitem nicht so rasant und atemberaubend, wenngleich wir das damals nicht so empfanden.

Die Bavaria auf der Theresienwiese

Das „Calypso“ [Anm.: erläutern, was das ist]war in den Jahren …. der letzte Schrei, ich weiß noch, dass ich lange ehrfürchtig davor stehen blieb, bis ich mich endlich hineintraute.
Sehr lange staunte ich auch die Menschen an, die sich ins „Round up“ wagten, eine Art rotierende große Scheibe mit einem Rand, in der die Leute zunächst an die Wand geschnallt wurden, bevor sich das Ganze immer schneller zu drehen begann und im 90Grad- Winkel angehoben wurde. Auf Grund der durch die schnelle Rotation entstehenden Zentrifugalkraft wurden die Leute wie Fliegen an die Wand gepresst. Unter uns Jugendlichen war der Besuch des „Round up“ so etwas wie eine Mutprobe. Und so machte ich eben auch mit und fand es „gar nicht schlimm“, obwohl ich in Wahrheit sehr froh war, wieder festen Boden unter den Füßen zu haben, aber das durfte man natürlich nicht zugeben. Auch die „Wilde Maus“ und die damaligen Achterbahnen nötigten mir Respekt ab, obwohl sie noch über keine spektakulären Mehrfachloopings verfügten, sondern einfach nur „normale“ Achterbahnen waren.
Die Wies'n heute ist zusehends ein – wenn auch imponierendes – Hightech-Unternehmen geworden, bei dem überwiegend das „Größer-Höher-Schneller-Lauter-Teurer“ zählt.
Für die auch damals schon lauten und vollen Bierzelte interessierte ich mich während meiner Kindheit nur am Rande, vielleicht noch für den übergroßen Maßkrug einer bekannten Brauerei, der vor dem Aufbau der Wies'n auf dem Boden stand und also aus der Nähe betrachtet und befühlt werden konnte.
Eine Vorausbuchung im Januar für einen Platz im Bierzelt im September hat es auf der Wies'n meiner Kinder- und Jugendjahre nicht gegeben und manches neumodische Fahrgeschäft auch nicht.
Aber auch, wenn sich einiges geändert hat: Schön ist sie immer noch, die Wies'n!

Schrebergarten am Israelitischen Friedhof

Ich sehe mich als kleines Mädchen mit einer Gießkanne in der Hand behutsam auf einer knapp zwei Meter hohen Backsteinmauer gehen – mit triumphierendem Blick – auf der linken Seite meine Mutter mit ängstlichem „Fall-bloß-nicht-runter-Blick!“ und auf der rechten Seite Gräber, die zu sehen ich nun endlich „groß“ genug bin. Groß genug, um auf die Leiter zu steigen, wie das sonst nur mein Vater tat.

Unser erster Schrebergarten grenzte an den Israelitischen Friedhof an der Thalkirchner Straße.

Dieser Garten befand sich nicht wie sonst üblich inmitten einer größeren Anlage, sondern war einer von nur zweien. Nach dem Krieg schaute sich mein Vater auf dem Gelände rings um den Friedhof um, es gefiel ihm dort und so holte er sich bei der Israelitischen Kultusgemeinde oder der Stadt München die Erlaubnis, an dieser Stelle einen Garten anlegen zu dürfen.

Er musste die gesamte Erdfläche erst umgraben und Beete und Rasen anlegen, was sicher keine leichte Arbeit war. Der Garten war klein und ohne Häuschen, aber ich habe sehr schöne Erinnerungen an ihn.

Mein Vater in unserem Garten
am Israelitischen Friedhof

Ich fand es sehr schön, so nahe bei unserer Wohnung, die am Dietramszeller Platz war, einen Garten mit einer Schaukel und einem Sandkasten zu haben.
Am meisten aber faszinierte mich die Backsteinmauer, an die mein Vater eine Leiter anlegte, sich, auf der Mauer stehend, die Gießkanne reichen ließ, dann die Leiter auf der anderen Seite anlegte, um im Brunnen des Friedhofs Wasser zu pumpen. Wie er mit der vollen, schweren Kanne die Leiter wieder hinaufstieg, war für mich als Kind fast eine Akrobatennummer, die mir sehr imponierte.

Friedhofsmauer

Als ich das erste Mal auf der Friedhofsmauer stand, sah ich mit großen Augen auf die bemoosten, verwitterten Grabsteine herab, die sehr geheimnisvoll und morbid wirkten. Sie waren teilweise schief und mit abgelegten Steinen darauf, die aber oft daneben am Boden lagen.

Der Friedhof wurde nicht mehr benützt, deshalb wurden die Gräber der Verstorbenen, deren Angehörige meist in den USA lebten, nicht mehr gepflegt, sondern nur noch verwaltet.

Gräber auf dem Israelitischen Friedhof

Ich mochte den Friedhof, weil er so viel Atmosphäre hatte, und , da ja äußerst selten Menschen in ihm zu sehen waren, hatte ich das Gefühl, dass er irgendwie zu unserem Garten gehörte wie ein großer, stiller und erhabener Park inmitten der Großstadt. Jederzeit konnte ich hier herumlaufen, die Gräber betrachten, deren Inschriften ich oft nicht entziffern konnte, und vor allem:
Ich konnte auf der langen Friedhofsmauer entlangspazieren und mir die Welt von oben anschauen oder auch mit baumelnden Beinen auf ihr sitzen und mich fühlen wie „eine Prinzessin in ihrem Reich“. Der Friedhof wurde ein alter,

verwunschener Schlosspark, den im Laufe der Jahre viele meiner Fantasiegestalten bevölkerten. Hier ließ es sich trefflich träumen, und so manches Mal musste ich von meinem Vater oder meiner Mutter gerufen werden, doch endlich die Gießkanne zu bringen.
Die eigentliche Traurigkeit des Ortes erfasste ich als Kind nicht, auch nicht die trostlose Verlassenheit eines Friedhofs, zu dem so gut wie keine Menschen kamen.

Die Verwalterin des Friedhofs, eine ältere, sehr freundliche Frau, war eine gute Bekannte meiner Familie. Sie wohnte auf dem Friedhof in einem roten, interessant aussehenden Backsteingebäude, in dem wir oft zu Gast waren. Ein wenig gruselig stellte ich es mir dann doch vor, hier so einsam zu wohnen, denn die Frau war alleinstehend.

Verwaltungsgebäude des Friedhofs

Da sie einige Reisen nach Israel unternommen hatte, erzählte sie uns von ihren Eindrücken, die sie dort gewonnen hatte. Mir kam es als Kind ungeheuerlich vor, dass es Menschen gab, die die Stätten Jesu wirklich mit eigenen Augen gesehen hatten. Allerdings passte mir einiges an ihren Ausführungen nicht, z.B. dass es in Bethlehem statt eines Stalles eine Geburtsgrotte gab. Das wollte ich so gar nicht glauben, weil es meinen eigenen romantisierenden Vorstellungen zuwiderlief ...

Leider mussten wir uns schon nach einigen Jahren von unserem „Friedhofsgarten“ trennen, denn neben dem Friedhof wurde auf einem großen Areal ein städtisches Mutter-Kind-Heim errichtet, dem unser Garten zum Opfer fiel.
Obwohl wir später einen anderen Heimgarten neben einem Golfplatz in einer Heimgartenanlage bekamen, der viel größer und auch schöner war, habe ich dem alten Garten noch lange nachgetrauert, weil er für mich etwas ganz Besonderes war.

Dringlichkeitsstufe 1

In den 50er Jahren waren wir Kinder in München sicher keiner so großen materiellen Not mehr ausgesetzt wie unmittelbar nach dem oder im Krieg, der Wohnraum war jedoch knapp.
Es gab einfach zu wenig bewohnbare Wohnungen für die Familien, da der Bauboom erst viel später einsetzte, als die allgemeine Arbeitsmarktlage besser wurde.
Wir hatten „Glück", denn meine Oma väterlicherseits nahm uns bei sich auf. Wir waren also zu fünft in einer 3½-Zimmer-Wohnung von ca. 70 Quadratmetern: drei Erwachsene und zwei Kinder. Als ich noch keine zwei Jahre alt war, also 1950, lebten wir noch zu siebt in dieser Wohnung mit zwei weiteren Verwandten. Diese räumliche Situation empfand niemand als eng, denn: Hauptsache, man hatte überhaupt ein Dach über dem Kopf.
Meine Schwester und ich schliefen – auch später noch – in einem fünf Quadratmeter kleinen „Kammerl", das ursprünglich vermutlich als Abstellkammer dienen sollte. Die Wohnküche ersetzte das Wohnzimmer, allerdings gab es darin keinen Wasseranschluss, ein solcher war nur in Omas Küche und im Bad vorhanden. Oft gab es kurz nach dem Krieg in den alten Mietshäusern kein eigenes Bad und WC in der Wohnung, sodass sich mehrere Mieter h diese sanitären Anlagen auf einer Etage teilen mussten. Keine sehr schöne Vorstellung, aber damals galt es als normal.
Wir hatten Gott sei Dank ein eigenes Bad und WC in unserer Wohnung.

Da meine Oma die Hauptmieterin war und wir die Untermieter, hatte meine Familie nur etwa die Hälfte des Wohnraums zur Verfügung, was natürlich nicht ideal war. Meine Mutter musste das Wasser zum Kochen aus dem Bad holen.

Jeden Samstag wurde der Badeofen mit Kohlen oder Briketts geheizt, damit wir – nacheinander im gleichen Wasser – baden konnten, ansonsten machten wir während der Woche Katzenwäsche im kalten Bad, eine Dusche gab es nicht.

Dass diese Wohnsituation auf Dauer und vor allem mit größeren Kindern nicht haltbar war, ist einleuchtend.
So kann ich mich an viele Besuche mit unserer Mutter auf dem Münchner Wohnungsamt erinnern. Meine bei diesem Anlass stets sehr ernst wirkende Mutter nahm uns Mädchen an der Hand und fuhr mit der Trambahn in dieses für uns Kinder Ehrfurcht gebietende Amtsgebäude. Es gab sogenannte „Dringlichkeitsstufen" bei der Wohnungssuche: wir hatten uns über die Jahre zur Stufe 1, also der dringlichsten, „hochgedient".
Ich sehe noch die langen, schmucklosen Gänge des städtischen Amtes vor mir, immer wunderte ich mich, wie unsere Mutter unter den vielen Türen die richtige fand. Vor den Zimmern der Sachbearbeiter saßen oder standen endlos viele Menschen. Die meisten schauten gelangweilt, frustriert oder böse, vor allem, wenn die Kinder anfingen zu quengeln oder zu toben.
Nach endlos langem Warten waren wir endlich an der Reihe. Als wir das Zimmer betraten, befiel mich eine leichte Ängstlichkeit, denn ich wollte doch, dass sich das ernste Gesicht der Mutter endlich einmal in ein froheres verwandelte.
Ich empfand den Mann am Schreibtisch als sehr mächtig, denn er entschied über das „Wohl und Wehe" der Menschen, die zu ihm kamen. Dabei sah er bei unserem Eintreten kaum von seinem Schreibtisch auf, wies meiner Mutter mürrisch einen Platz zu und überflog die Unterlagen.
Das stundenlange Warten hatte sich auch diesmal nicht gelohnt, denn es gäbe auch heute keine passende Wohnung, meinte der Beamte. Meine Mutter entgegnete stets: „Aber wir haben doch Dringlichkeitsstufe 1!" Der Mann zuckte mit den

Schultern, so, als wolle er sagen, dass ihm das ganz egal wäre. Einige Wochen später lief das Ganze in genau derselben Weise ab.

Erst einige Jahre später, als meine Oma starb, war das Thema „Wohnungsamt“ erledigt, da wir ihre Wohnung übernehmen konnten. Meine Mutter atmete auf, als sie endlich einen Wasseranschluss in der Küche hatte, und wir Kinder freuten uns, dass wir ein größeres gemeinsames Zimmer bekamen, das wir bis zu unserem Auszug aus der elterlichen Wohnung zu zweit bewohnten.
Damals waren die rotbraunen Makrameemöbel und Korbsessel sehr modern, meine Schwester und ich waren sehr ‚stolz auf diese Stücke, noch dazu konnte man den gusseisernen Ofen heizen, der eine mollige Wärme verbreitete. Wir konnten uns damals gar nicht vorstellen, dass man es noch besser haben konnte und empfanden unser zwölf Quadratmeter kleines Dachschrägenzimmer als den größten Luxus!

„Düsenemma“ klärt auf!

So ungern ich im Kindergarten war, so gerne ging ich in die Schule. Ich musste aufgrund meines zarten Aussehens fast bis zum siebten Lebensjahr auf meine Einschulung warten, denn damals gab man bei der Bestimmung der Schulfähigkeit viel auf das Äußere, z.B. das sogenannte Philippinermaß (bei dem man mit dem rechten Arm über den Kopf hinweg das linke Ohr greifen können sollte), und man sollte eben nicht zu klein und schmächtig sein. Fertigkeiten oder Kenntnisse wurden nicht abgefragt, und ich weiß nicht, ob es schon Schulfähigkeitstests gab und die Möglichkeit zur Rückstellung oder Früheinschulung wie heute.

So kam ich mit knapp sieben Jahren in die Schule, für damalige Verhältnisse ausgerüstet mit einer viel zu großen Schultüte, die mir Papas Chef spendiert hatte.

Die alten Münchner Schulen sind und waren groß und oft auch schön anzuschauen. Meine Volksschule ist 1907 erbaut worden und hatte zwei Eingänge, überschrieben mit: „Schule für Mädchen“ und „Schule für Knaben“. „Knaben“, dieses antiquierte Wort, das man heute nur noch aus alten Gedichten und Liedern kennt, stand tatsächlich am Eingang!
Diese Knaben, derer wir (auch in der Pause!)nur aus der Ferne ansichtig wurden, interessierten uns natürlich ganz besonders. Leider konnten wir nur selten einen Blick auf sie werfen, höchstens, wenn wir als Boten etwas in eine Knabenklasse bringen durften. Dann ging ein Raunen und Kichern durch die Knabenklasse, und wir Mädchen suchten leicht errötend und verunsichert das Weite!

Allerdings ist anzunehmen, und auch durch Forschungen bestätigt, dass Konzentration und geschlechtsspezifische

Chancengerechtigkeit (vor allem in den naturwissenschaftlichen Fächern) für Mädchen in Klassen ohne „Knaben" eher gewährleistet sind. Andererseits hat unsere Generation aufgrund der schulischen Geschlechtertrennung in der Großstadt ein zunächst wohl eher verkrampfteres Verhältnis zu den Jungen aufgebaut.

Von Anfang an gefiel mir die Schule in der Gotzinger Straße, die ganz in der Nähe der Großmarkthalle neben der Korbinianskirche und der heute geplanten Moschee liegt.

Die Flure waren mit unverwüstlichem Linoleum ausgestattet, das stets nach Bohnerwachs roch; in den Klassenzimmern gab es noch die alten Schulbänke mit Tintenfassbehältern und vertieften Bleistiftkuhlen. In den ersten Klassen hatten alle Kinder eine Schiefertafel, ein kleines Schwämmchen und ein kleines Stoffteil zum Trocknen der Tafel, die an einer Schnur aus dem – meist ledernen braunen – Schulranzen baumelten ... In einer Büchse verwahrten wir unsere Griffel, mit denen wir auf die Tafel schrieben. Wer es selbst erlebt hat, weiß sicher, wie das schrecklich quietschen konnte!
Vorne – eine Stufe höher als das Niveau der Klasse gelegen - thronte die Lehrerin an ihrem mächtigen Pult (vgl. „Feuerzangenbowle"!).

Ich erinnere mich an meinen ersten Schultag: unsere sehr nette junge Lehrerin hatte eine wunderschöne Schlange an die Tafel gemalt, denn wir sollten als erstes das „S" lernen. Ich starrte wie gebannt auf die sehr naturalistisch gemalte Schlange, es folgten später noch weitere Malereien in Übergröße (z.B. eine Turnstange für das „H").
Als wir schon einige Buchstaben konnten, durften wir jeden Morgen einzeln mit einem Zeigestab die kleinen und großen Buchstaben „begrüßen", das hörte sich dann so an:

„Grüß Gott, kleines A-Männlein, grüß Gott, großes A-Männlein!“, mit der entsprechenden kontrastreichen Betonung für das kleine und das große „A“!

Einzelne Lehrer in der Volksschule, bei uns war es in erster Linie der Religionslehrer und Kaplan, machten von der Züchtigungsstrafe Gebrauch mittels eines Lineals, mit dem sie uns auf die Handrückseite schlugen, was h aufgrund der Handknochen weher tat, als wenn man auf die Innenseite der Hand geschlagen worden wäre.

Dieser Kaplan ließ uns auch beizeiten wissen, was wir alles zu beichten hatten, das hieß vor allem, sexuelle „Verfehlungen“ nicht auszulassen bei der Aufzählung der Sünden, was wir als Grundschulkinder mehr oder weniger verwundert zur Kenntnis nahmen ...
Eine ältere Lehrerin, von uns „Düsenemma“ genannt, weiß der Himmel, wie wir auf diesen Namen gekommen sind, schaute sehr ernst und mit aneinander gelegten, abgespreizten Fingern in die Klasse, als sie sagte:
„Eine Frau, die ein Kindlein unter ihrem Herzen trägt, empfängt dieses durch die körperliche Umarmung mit ihrem Ehemann!“
Das führte bei uns zunächst zu diversen Fehleinschätzungen, was die Entstehung eines Kindes betrifft, man hätte auf die Idee kommen können, dass man auch beim Tanzen Kinder hervorbringen kann, da man sich dabei ja auch gewissermaßen körperlich umarmte ...

Die Eltern wollten nichts von Aufklärung wissen, sodass ich Gott sei Dank einer mit uns befreundete Lehrerin meine vielen Fragen stellen konnte, denn andere Kinder hatten ja ebenfalls nur rudimentäre Kenntnisse!

Volksschulklasse mit „Düsenemma“

Besagte „Düsenemma“ warnte uns auch gelegentlich vor in ihren Augen schlüpfrigen und unpassenden Worten. Eine Mitschülerin, die recht eindeutiges bayrisch sprach, sagte zu einem anderen Mädchen:
„Deandl, kimm!“ (auf Hochdeutsch: „Mädchen, komm!“).
Düsenemma schaute sehr eindringlich, als sie uns aufklärte: „Das Wort ‚Deandl’ benützt bitte nicht, denn es heißt soviel wie Dirne, das ist ein leichtes Mädchen!“ Natürlich erklärte sie nicht genauer, was ein „leichtes Mädchen“ ist, sodass erneut eine Frage offenblieb.
Andererseits muss man sagen, dass diese Lehrerin sehr viele lebendige Elemente wie Theater- und Rollenspiele in ihren Unterricht integrierte. Ich erinnere mich an stundenlange Theaterproben und Bibel-Rollenspiele, denn „Düsenemma“ war sehr fromm. Sie schlug mich des Öfteren für die Besetzung der Jesus-Rolle vor, was mir irgendwie frevelhaft

vorkam, aber vielleicht wollte sie auch einem schüchternen Kind, wie ich es war, eine Chance geben.
In der Realschule hatten wir einen Erdkundelehrer, der sehr aggressiv war, es hieß, infolge eines Kriegsleidens, wir fürchteten ihn jedenfalls alle. Und wehe, wir sagten zu Ostdeutschland „DDR“, dann schärfte er uns mit schneidender Stimme ein: „Das heißt sowjetisch besetzte Zone!“
Die damalige Pädagogik war eher dem Zufall und der Person des jeweiligen Lehrers überlassen, so schrieb unsere Englischlehrerin bestimmte Vokabeln an die Tafel, und als wir ob deren Banalität protestierten, meinte sie, das schreibe sie für die „Dummen“ hin ... Eine andere Lehrerin meinte, wir seien das „Salz in der Suppe nicht wert“ ...
Heute würde ich sagen, dass vor allem der Geschichtsunterricht nicht dazu beitrug, ein kritisches Bewusstsein zu fördern. Das Auswendiglernen der Jahreszahlen „berühmter“ Schlachten erscheint auch im Nachhinein wenig sinnvoll, es fehlte dagegen völlig die Auseinandersetzung mit den Schrecknissen der Geschichte, insbesondere der Zeit des Nationalsozialismus.
Trotz aller Vorbehalte ging ich immer gern in die Schule, allein schon wegen der Begegnungen mit Mitschülerinnen und wegen mancher Lehrer, die ich anschwärmte!

„Ein Mädchen braucht doch kein Abitur!“

Im Verlauf der vierten Klasse stellte sich in Bezug auf mich die wichtige schulische Entscheidung, ins Gymnasium überzutreten oder nicht. Ich war recht gut in der Schule, und meine Noten der vierten Klasse hätten sicher für das Gymnasium gereicht.
Meine Eltern aber, vor allem meine Mutter, rieten mir vom Gymnasium ab, und zwar mit dem Argument: „Ein Mädchen braucht doch kein Abitur, es heiratet ja sowieso!“
Auch die Lehrerin sprach meine Eltern nicht an, obwohl ich kurz vorher ein Buch wegen meiner besonders guten Zeugnisnoten bekommen hatte ... Also kam es, wie es kommen musste, nur zwei Mädchen aus meiner Klasse traten ins Gymnasium ein, ein Mädchen, dessen Mutter Lehramt studiert hatte und dessen Vater dem höheren Beamtentum angehörte, und ein weiteres Mädchen, dessen Großvater an unserer Schule unterrichtete und als Freund unserer Lehrerin galt. Ich fühlte mich auf diffuse Weise verstört angesichts dieser Entscheidungen, dachte mir aber, dass das wohl „so gehöre!“
Später habe ich sehr viel darüber nachgedacht und gelesen, wie überaus einseitig damals die Bildungschancen für Mädchen aus der Unterschicht waren. Aber es hat sich daran ja nicht viel geändert, es wechseln zwar erheblich mehr Mädchen als zu meiner Zeit aufs Gymnasium, nach wissenschaftlichen Untersuchungen sind es jedoch großteils immer noch die Mädchen aus der Mittel- und Oberschicht.

Obwohl vom Rektor unserer Volksschule nicht empfohlen (er warb sehr dafür, dass wir auf der Hauptschule bleiben sollten), wechselte ich dann doch auf die damals sogenannte „Mittelschule“, die heutige Realschule, denn diese Schulart erschien meinen Eltern überschaubarer und „gut genug für ein Mädchen“.

Später, als ich meine Entscheidungen selbstständig traf, konnte ich über den Zweiten Bildungsweg an der Fachhochschule studieren.
Obwohl ich meine schulischen und beruflichen Ziele erreicht habe, denke ich, dass der Weg über das Gymnasium der direktere gewesen wäre und mir diverse Umwege erspart hätte, die mich Kraft und Energie gekostet haben.

Schloss Nymphenburg: „Jungfrau als Beruf“

Meine Mutter, 1914 in Amorbach – einem sehr romantischen Marktflecken in Unterfranken – geboren, war 23 Jahre alt, als sie beschloss, als „Jungfer“ zu Prinzessin Clara ins Nymphenburger Schloss zu gehen. Sie hatte wohl von ihrer Cousine gehört, die vor ihr dort „Jungfer“ gewesen war, dass es eine vakante Stelle zu besetzen gab.

Eine „Jungfer“ war eine Bedienstete, die u.a. servieren und das Silber der „Herrschaft“ putzen und derlei mehr Tätigkeiten verrichten musste. Meine Mutter, die ja Schneiderin war, nähte auch Kleider für Prinzessin Clara. Der Ausdruck „Jungfer“ sorgte öfter für Heiterkeit, wenn ich Freunden von der Berufsbezeichnung meiner Mutter erzählte, aber auch, wenn ich bei amtlichen Schreiben den Beruf meiner Mutter mit „Jungfer“ angab und die Beamten ein Schmunzeln nicht unterdrücken konnten. Einmal sagte einer lachend: „Jungfrau, ist das jetzt schon ein Beruf!?“

Ich sehe meine Mutter vor mir, eine kleine, junge Frau mit langen Haaren, wie sie mit klopfendem Herzen im Schloss Nymphenburg bei Prinzessin Clara vorspricht.

Schloss Nymphenburg

Clara ist eine etwas korpulente 63-jährige Frau, sehr religiös und deshalb weltliche Äbtissin in Würzburg. Prinzessin Clara ist das fünfte Kind von König Ludwig I. Adalbert; sie ist erst ein Jahr alt, als ihr Vater 1875 stirbt. Claras Vater ist ein Onkel von Ludwig II., Clara also eine Cousine des Märchenkönigs, 29 Jahre jünger als dieser.
Als meine Mutter bei Clara ihren Dienst antrat, wohnten die Wittelsbacher zumindest im Sommer wieder im Schloss, nachdem sie 1918 bei Ausrufung der Republik zunächst ins Stadthaus am Wittelsbacher Platz gezogen waren. Clara hatte vor dem Ersten Weltkrieg im Südpavillon über ihrer Mutter, (Amalia Felipa Pilar von Spanien, gewohnt.
Nun wohnte sie im mittleren Schlossgebäude.

Warum geht eine blutjunge Frau vom Land in die Großstadt und noch dazu in ein Schloss als Bedienstete? Meine Mutter hat darüber nur wenig berichtet, sodass ich über ihre Motive nur mutmaßen kann: vielleicht aus Langeweile, aus Liebeskummer oder Abenteuerlust, oder aus allen drei Gründen zusammen, wer weiß.

Meine Mutter auf der Terrasse des
Schlosses Nymphenburg

Meine Mutter erzählte, sie habe anfangs furchtbar Heimweh nach ihrer kleinen Welt zu Hause gehabt und sich in dem kalten Zimmer des Schlosses oftmals in den Schlaf geweint. Ihre Dienstherrin beschrieb sie als sehr mütterlich und wohlwollend, was ihr das Einleben in der ungewohnten Umgebung ein wenig erleichtert hat.

Prinzessin Clara – Widmung:
„Überreicht nach dem Tode meiner geliebten Schwester Clara
von Ludwig Ferdinand, Prinz von Bayern“

Als meine Mutter 1937 ihren Dienst in Nymphenburg antrat, fanden im Schloss rauschende Feste statt, bei denen sie mitunter servieren musste. Vor diese erlauchten Herrschaften hinzutreten, kostete sie sicher einige Überwindung. Eines Tages musste sie Fisch servieren. Da es ganze Fische waren, richtete meine Mutter die Fische auf einer Platte an und überlegte, dass es gar nicht gut aussah, dass man die Schwänze der Fische noch sah. Sie entschied deshalb, diese besser abzuschneiden, und brachte die so verunstalteten Fische in den Ess-Salon. Schmunzelnde Blicke und unterdrücktes Lachen erwarteten dort meine arme Mutter.
Als im Juli 1937 in der Innenstadt das „Haus der Deutschen Kunst" eröffnet wurde, brannten in Nymphenburg hunderte von Kerzen bei offenen Läden und spiegelten sich in den Wasserflächen der Kanäle und Teiche wider. Die Augen meiner Mutter begannen zu glänzen, wenn sie von diesem Anblick erzählte. Trotz der bedrohlichen politischen Verhältnisse im Jahre 1938 wurde im Schloss weiterhin gefeiert; so gab es Aufführungen mit dem Wiener und dem Berliner Ballett vor der Amalienburg. Zur „Nacht der Amazonen" sollte Hitler erscheinen, was laut meiner Mutter für viel Aufregung sorgte, die sie am Rande l mitbekam. In manchen Zimmern wurden unten an den Türen Schienen angebracht, damit man keine explosive Flüssigkeit durchschütten konnte. Alle Aufregung war jedoch vergebens gewesen, denn Hitler kam nicht.

Begeistert erzählte meine Mutter davon, wie sie das erste Mal mit der Prinzessin in die Oper gehen durfte, wie sie ihr bei der Malerei über die Schulter blicken konnte und zwei Stillleben von ihr geschenkt bekam, die sie sehr in Ehren hielt. Clara mochte meine Mutter offenbar sehr und unterhielt sich oft mit ihr, für meine Mutter war sie in der Fremde wohl so etwas wie ein Muttterersatz.

Rosenstrauß – Gemälde von Prinzessin Clara

Nach und nach verschwand das Heimweh, meine Mutter genoss das Leben mit Clara, die ihr vorschlug, den Führerschein zu machen. Meine Mutter hatte etwas Angst davor, in so einer großen Stadt Auto zu fahren.1938 fasste Clara den Entschluss, nach Italien zu reisen, dazu kam es wegen des Beginns des Zweiten Weltkriegs aber nicht mehr und auch den Führerschein konnte meine Mutter nicht mehr machen. Vier Jahre hatte meine Mutter im Schloss verbracht und in dieser Zeit auch meinen Vater kennen gelernt, als Clara mit 67 Jahren 1941 eine schwere Gelbsucht bekam und ihr schweres Leberleiden nicht mehr behandelt werden konnte. Meine Mutter hat die schwerkranke Clara, die ins Max II-Zimmer

gebettet wurde, mit manchen Handreichungen versorgt. Sie war sehr traurig, als die Prinzessin am 29. Mai 1941 im Dritter-Orden-Krankenhaus starb.
Das Schicksal der späteren Wittelsbacher verfolgte meine Mutter weiterhin akribisch und hielt bis zu ihrem Tod Kontakt zu einer früheren Kollegin.

Für mich ist Schloss Nymphenburg immer mit diesen Erinnerungen meiner Mutter verbunden.
Als ich 1972 in der Nähe des Schlosses heiratete, machten wir Aufnahmen auf der Schlosstreppe, wo vor vielen Jahre meine Mutter auf der daneben gelegenen Terrasse mit dem Hund Fipsi fotografiert worden war, ein Foto, das sie uns immer stolz präsentierte.

Frauenholz und andere Sonntagsausflüge

Auch wenn man sich das heute nicht mehr so gut vorstellen kann, fanden in meiner Kindheit viele Ausflüge in der Großstadt mit der Trambahn, dem Omnibus oder mit dem Radl statt, denn auch unsere Familie verfügte damals – wie so viele andere – nicht über ein Auto.
Wir hörten tagsüber und am frühen Morgen bereits das Gebimmel der Straßenbahn, die unweit unserer Wohnung gegenüber der Mauer des Israelitischen Friedhofs, an der Haltestelle „Dietramszeller Platz", abfuhr.
Im „Familienrat" wurde festgelegt, wo man am Wochenende hinfahren würde. Ein Ziel, wenn auch ziemlich weit von Sendling entfernt, war das Frauenholz, das heutige Hasenbergl.
Dort wohnten Onkel und Tante mit Cousin und Cousine.

Wir brauchten mindestens eine Stunde vom Süden in den Norden Münchens, stiegen also in die kreischend und bimmelnd auf sich aufmerksam machende Trambahnlinie 20 ein und nahmen auf den harten Holzbänken, die einander gegenüberstanden, Platz. Die Schaffnerin mit umgeschnallter „Kasse" gab uns die Billetts; uns Kinder faszinierte diese metallene Vorrichtung für das Kleingeld, getrennt nach „Markln", „Fuchzgerln", „Zehnerln" und „Fünferln", die sie jeweils nur nach unten zu drücken brauchte, um uns das Wechselgeld passend zu geben. Sodann wurde die nächste Haltestelle ausgerufen, wiederum vom Schaffner, der Fahrer hatte damit nichts zu tun.

Oft genug fuhr ein Auto oder Radler in die Schienen der Trambahn, und der Fahrer schimpfte laut und vernehmlich. Wenn er eine Vollbremsung hinlegen musste, hörte man ein

furchtbar lautes Kreischen und Geschimpfe von Seiten des Fahrers.
Bekam man keinen Sitzplatz, musste man stehen und sich in die oben angebrachten Schlaufen einhängen. Die kleineren Kinder konnten diese aber nicht erreichen, weshalb sie am Rockzipfel der Eltern hingen und hin und her balancierten, sobald es um eine Kurve ging.

Damals war es ein Gebot der Höflichkeit, älteren oder gebrechlichen Personen einen Platz anzubieten, was vor allem die Kinder tun sollten. Zwischen unserer Mutter und uns gab es in diesem Falle eine gut funktionierende Augenkommunikation, die bedeutete: „Du solltest aufstehen!“ So saßen wir Kinder oft auf dem Schoß unserer Eltern, nicht immer freiwillig und gerne.
Auf dem Weg ins Frauenholz hieß es umsteigen in einen Bus, den wir wegen seiner weichen Polsterung liebten, aber wegen des hohen Tempos, das manche Busfahrer an den Tag legten, auch etwas fürchteten.
Auf der gesamten Strecke gab es viel zu sehen und zu hören, denn oft fuhr man mit interessanten Zeitgenossen. Ich erinnere mich an einen kleineren Jungen, der ungeniert die roten Lippen und roten Fingernägel einer Frau musterte und laut sagte: „Schau mal Mama, die Frau hat Marmelade auf die Lippen geschmiert!“
Die Leute lachten manchmal auch über einen witzigen Schaffner, der den Leuten auf gut Bayrisch empfahl: „Geht’s doch amoi von der Dür weg, Leidln!“, oder: „Ziag dei dicke Wamp’n ei, damit i vorbei kumm!“
Es war also eine Fahrt voller Kurzweil, wenn man sich nicht gerade ärgern musste über zu wenig Platz, einen Stehplatz oder einen auf Mamas Schoß.

Im Frauenholz angekommen, mussten wir noch eine Weile gehen, bis wir unser Ziel erreichten.

Dort war damals nur recht wenig Bebauung anzutreffen und wenn, dann vor allem Baracken.
Mein Onkel und seine Familie wohnten in einem etwas kommoderen, ebenerdigen Steinbau neben einem Kinderarzt; dahinter befand sich ein Wäldchen, in dem sich wunderbar „Räuber und Gendarm“ spielen ließ.
Mein Onkel war bei der Polizei und in diesen Stadtteil versetzt worden. Er hatte also viel zu tun mit den Bewohnern der Holzbaracken, wo er oft irgendeinen Familienstreit schlichten oder Streife fahren musste, was nicht zu seinen Lieblingsbeschäftigungen gehörte.

In dem nahegelegenen Wäldchen spielten wir mit den Arztkindern und den Kindern aus den Holzbaracken, es gab keinerlei soziale Trennung. Es gab sehr viel Platz zum Spielen, sodass es fast wie auf dem Land war, ohne Häuserschluchten und Straßen. Heute kann man sich bestimmt nicht mehr vorstellen, wie weitläufig die Gegend dort damals war. Natürlich waren auch damals schon die Anfänge eines sozialen Brennpunktes erkennbar, was jedoch uns Kinder nicht weiter anfocht. Allerdings hörten wir mit großen Ohren unserem Onkel zu, wenn er von den großen Familien in den engen Baracken erzählte, die aufgrund der Enge der Wohnungen und des geringen Einkommens vielerlei Nöten ausgesetzt waren. Da hat sich wohl in den Unterschichtenfamilien oder Familien des „Prekariats“, wie es neudeutsch heißt, nicht viel verändert; deren katastrophale Wohnverhältnisse haben sich gegenüber damals allerdings verbessert.

Sehr beliebt als Wochenendausflug war in unserer Familie das Trambahnfahren von einer Endstation zur anderen.
Die Linie 20, die beim Tierpark endete, der nur zwei Stationen von unserer Wohnung entfernt lag, eignete sich gut für einen solchen Ausflug, der uns an die Endhaltestelle Herkomerplatz in Bogenhausen brachte.

Es gab dort noch kein Sheraton-Hotel, keine BayWa, keine Ministerien und große Firmen, man war nur von alten Mietshäusern umgeben, und für uns Kinder gab es sogar einen Spielplatz und viele Grünflächen. Als ich später in der Nähe [wovon?] arbeitete, musste ich alle Fantasie aufwenden, um mir vorzustellen, wie es in den fünfziger und sechziger Jahren dort ausgesehen hatte.
So hat sich München in den letzten fünf Jahrzehnten rasant verändert, baulich und verkehrsmäßig ist es kaum wiederzuerkennen, und wenn ich heute durch meine Heimatstadt gehe oder fahre, fühle ich mich oft wie in einer fremden Stadt.
Der Charme der Innenstadt, das wie zu allen Zeiten frisch dahinströmende grüne Band der Isar, der Englische Garten sowie der in der Nähe des Tierparks befindliche Flaucher, in dem wir als Kinder und Jugendliche sehr viel Zeit verbrachten, die vielen anderen Grünflächen Münchens, besonders aber die unverändert erhaltene Wiese und die Lindenbäume am Dietramszeller Platz, an dem ich aufwuchs, haben mir aber das Heimatgefühl in „meiner" Stadt erhalten!
Und dass es immer noch die gute alte Trambahn gibt und hin und wieder auch in der U-Bahn ein „grantiger" oder „witziger" Fahrer anzutreffen ist, hält die Erinnerung an die „alten Zeiten" wach.

Hinterhofromantik und Ballonroller

Dies ist ein besonders sensibles Kapitel für ein in der Großstadt groß gewordenes Kind!
Aufgewachsen zu sein mit einem sogenannten Hinterhof, löste vor allem bei den Landbewohnern, deren Kinder meist große Wiesen und Gärten zur Verfügung haben, gelegentlich einiges Mitleid mit den Stadtkindern aus.

Hinterhofansicht

Der Hinterhof aus damaliger Zeit weckte bei manch einem Zeitgenossen die Assoziation verwahrloster Kinder und Jugendlicher. Denn wie sollten die Kinder auf so einem Hof

spielen, wo doch alles zubetoniert war, kinderfeindliche Anwohner noch dazu, kein bisschen Grün, alles grau und freudlos ...?
Für uns Kinder aber war der Hinterhof ein ruhiges Fleckchen zum Spielen, er war Radfahr- und Abenteuergelände, alles eben, was ein Kind braucht, mit Ecken und Nischen zum Verstecken, einer Teppichstange, auf der man wunderbar hin- und herschwingen konnte. Aber auch das Teppichklopfen machte Spaß, konnte man dabei doch so richtig zu Werke gehen und aufgestaute Aggressionen in den Teppich hineinschlagen. Die Teppichstange eignete sich gut zum „Tennisspielen", wie wir damals das Federballspielen nannten. Der Federball sauste über der Stange hin und her, wir kamen uns sehr professionell vor.
Und was das vermeintlich fehlende Grün anbelangt: Während meiner Kindheit wurden mehrere Fichten in unserem Hinterhof angepflanzt, eine davon war, als ich mit 23 Jahren auszog, so hoch wie das dreistöckige Haus. Es gab aber auch eine weitläufige Grünfläche, obwohl wir vor dem Haus eine sehr große Wiese zum Spielen hatten, und von daher keinen Mangel an Grünflächen.
Auf der Hinterhofseite befanden sich in der Regel auch die – zugegebenermaßen – winzigen Balkone.
Kinder, deren Eltern so einen Balkon hatten, und das waren fast alle, konnten von Balkon zu Balkon ohne Worte kommunizieren, z.B. mit der Taschenlampe „morsen", mit dem Spiegel jemanden blenden oder mit langen Schnüren von oben nach unten kleine Briefchen an die Angebetete verschicken. Vor allem: Von den Balkonen aus hatte man den absoluten Überblick, was unten im Hof vor sich ging.
Damals gab es noch die herumziehenden Musikanten, meistens mit einer Mundharmonika oder Ziehharmonika ausgestattet. Nach der Darbietung öffneten sich mit der Zeit die Fenster und Balkone, und die Leute warfen mit Papier umwickeltes Kleingeld nach unten.

Wir Kinder liebten es sehr, das Geld aus der Höhe herunterzuwerfen, wobei man möglichst genau zielen musste, damit der so Belohnte das Geld auch fand. Natürlich suchten wir nach den „Aufführungen" den Hof nach Geld ab, das die Musikanten eventuell übersehen hatten. Nicht selten gab es dabei Streit oder sogar eine Keilerei, wenn mehrere Kinder sich gleichzeitig auf das gefundene Geld stürzten.
Wir haben natürlich auch auf der großen Wiese vor unserem Haus gespielt.
Es gab [wo?] auch eine große Spielwiese und einen großen Sandkasten für die kleinen Kinder. Wie man also sieht, waren wir von Grün in allen Richtungen umgeben, ganz zu schweigen von dem in der Nähe befindlichen Flaucher.

Wiese vor dem Haus

Es gab immer Kinder, große und kleine, die „der Kaiser schickt seine Soldaten aus“, „halli hallo“, „Verstecksti“, „Fangsti“ oder „Schussern“ spielen wollten. Dabei fühlte man sich als Mädchen sehr geehrt, wenn einen die älteren Jungen mitspielen ließen, was ziemlich oft der Fall war und das natürliche Verhältnis zum anderen Geschlecht förderte! Ich erinnere mich an einen viel größeren Jungen, dem ich als ca. Sechsjährige ständig hinterherlief. Er wuchs bei einer alleinerziehenden Mutter auf, was mich mindestens so faszinierte wie seine Eisenbahn, mit der er mich sogar spielen ließ.

Als ich etwa neun Jahre alt war, wurden die ersten „Freizeitheime“ gebaut. Ich hatte Glück, denn direkt neben uns war so ein Haus. Ich weiß noch, wie ehrfürchtig ich es das erste Mal betrat und nicht fassen konnte, dass man all die Spielsachen kostenlos benutzen durfte. Und das jeden Tag! Besonders gerne habe ich in diesem Freizeitheim die Brettspiele benützt, aber auch Tischtennis gespielt. Das Schönste war, dass man auch allein hingehen konnte, denn man fand immer jemand zum Spielen, und nicht selten entstanden auf diese Weise Freundschaften.

Die Kinder hatten damals bei weitem nicht so viele mobile Spielsachen wie heute, wie z.B. Dreirad, Roller und Rollschuhe. Rollschuhe besaß vielleicht ein einziges Kind im ganzen Häuserblock und wurde deshalb entsprechend beneidet. Wenn man Glück hatte, war man mit diesem Kind gut Freund und konnte die Rollschuhe leihen. Die damaligen Rollschuhe waren ja zum Anschnallen und außerdem mit einem Schlüssel in der Größe verstellbar. Die vier Rollen hingen sehr schwer an meinen – sehr dünnen – Kinderbeinen; sie waren ja nicht aus Plastik wie heute. Mit diesen Dingern über den Gehsteig zu fahren, machte einen Höllenlärm, was uns natürlich gar nicht weiter interessierte.

Das Tollste vom Tollen jedoch waren für mich die Ballonroller, mit denen man beinahe geräuschlos und irgendwie erhaben dahinbrausen konnte. Natürlich waren sie noch weniger erschwinglich als die Rollschuhe. [Anm.: müsste m. E. erläutert werden, warum sie so heißen, was es mit dem „Ballon“ auf sich hat]

Ich träumte nachts von diesen Rollern und wünschte mir nichts sehnlicher als damit zu fahren.

Da entdeckten wir eines Tages ein Auto- und Motorradgeschäft, das solche Roller halbstündlich gegen eine geringe Mietgebühr verlieh. Meine Schwester und ich waren selig! Gott sei Dank erlaubten es unsere Eltern. Mit unserem Geld in der Hand strebten wir klopfenden Herzens dem Geschäft zu, wo wir lange Zeit damit verbrachten, die vielen bunten Roller zu bestaunen, bevor wir uns einen davon aussuchten, um uns dann mit dem Fahren abzuwechseln, denn zwei Roller für zwei Kinder wäre der pure Luxus gewesen!

Unendlich köstlich, auf diese Weise durch unsere Gegend zu rollen, wenn da nicht der unerbittliche Zeiger der Uhr gewesen wäre, der anzeigte, dass die halbe Stunde wieder einmal viel zu schnell vorüber war!

Als wir etwas größer waren, besuchten wir die Spielplätze der Umgebung, einen im Flaucher und einen auf dem Neuhofer Schuttberg.

Man sagte uns, es sei für Kinder gefährlich, alleine in den Flaucher zu gehen, da sich hier des Öfteren „Gesindel“ herumtrieb. Unsere Eltern wollten es uns am liebsten verbieten, kamen damit aber „nicht durch“, weil der Spielplatz mit seinen Spielgeräten einfach ein gewaltiger Anziehungspunkt für uns war, sodass wir oft heimlich hingingen.

Ich erinnere mich an eine Kletterkonstruktion, die ein Flugzeug darstellte, hier konnte jeder Fluggast oder Kapitän sein, ganz nach Belieben. Es gab auch eines dieser Schiebekarussells, sehr schwer, weil aus Eisen, aber hatte man es einmal

mit viel Kraft in Bewegung gebracht, drehte es sich sehr schnell und man stand oben wie eine Königin. Noch besser war, die anderen anschieben zu lassen und Nutznießer von deren Muskelkraft zu sein!
Eine weitere Attraktion war das „Kettenkarussell“, bestehend aus einem hohen Pfahl in der Mitte mit einzelnen ganz oben befestigten Seilen, die in Kinderhöhe mit Griffen ausgestattet waren. Alle Kinder mussten in eine Richtung laufen, immer schneller und schneller, bis man schließlich die Beine vom Boden abheben konnte und hoch über dem Boden dahinglitt. Während des Drehens aus größerer Höhe abzuspringen, war eine besondere Mutprobe, die man mit Imponiergehabe seinen Freunden vorführen musste. Gut, dass die Eltern all dies nicht sahen, das hätte unser Wohlgefühl empfindlich gestört!

Auch der Winter hatte seine Freuden. Wir gingen auf dem Neuhofer Schuttberg zum Schlitten- und Skifahren. Da gab es den „Steilhang“, einen für mich als Kind unbezwingbarer, gefährlicher Abhang. Niemals hätte ich mich getraut, da mit dem Schlitten herunter zu fahren.
Die wenigen Kinder, die damals Skier besaßen und sich trauten, den Steilhang herunterzufahren, fanden meine uneingeschränkte Bewunderung, zumal die meisten von ihnen im „Schuss“ fuhren.
Ich suchte mir einen sehr viel sanfteren Hang (soviel Auswahl gab es ja nicht!), wohl wissend, dass man dabei von den „Steilhangkünstlern“ stets etwas verachtet und von oben herab behandelt wurde.
So war meine Kindheit im Hinterhof, mit Ballonrollern, im Freizeitheim, auf den Spielplätzen, mit den Wiesen und Parks zum Schlittenfahren und den vielen Besuchen im Deutschen Museum bestimmt nicht langweiliger als die der Kinder heutzutage; ich finde es im Nachhinein sogar erstaunlich, was wir schon alles hatten und wie glücklich wir waren.

In der Großmarkthalle

Im Sommer, wenn meine Mutter ihren großen Einmachtopf hervorholte, waren wir oft in der Großmarkthalle zum Obsteinkaufen. Es war eine spannende Geschichte, wenn ich auf dem Kinderfahrradsitz mit meiner Mutter dorthin fahren durfte.
In der Großmarkthalle herrschte großes Gedränge und lautes Geschrei - wie auf einem orientalischen Basar. Die Großhändler hatten große Wägen voller Obst und Gemüse und hohe Türme aus Steigen, also „Kisteln“. Üblicherweise kauften hier ja meist Obst- und Gemüsehändler ein und daneben eben auch einige Privatleute.

In der Großmarkthalle

Dabei gab es in erster Linie Obst und Gemüse der Saison, von Bananen, Zitronen und Orangen einmal abgesehen.
Natürlich war man als Kleinabnehmer eher ein bescheidener Kunde, entsprechend ungeduldig wurde man von manchen Händlern abgefertigt. Bei den meisten Ständen musste man eine Mindestmenge abnehmen. Es gab aber auch Händler, die eine soziale Ader hatten und nicht mehr erstklassiges Obst und Gemüse herschenkten. Mir war das in der Regel eher peinlich, wenn meine Mutter nach dieser herabgesetzten oder kostenlosen Ware fragte oder gar, wenn sie sich bückte, um liegengebliebenes, einzelnes Obst aufzuheben, denn „daraus kann man zumindest ein Kompott machen", wie sie sagte. In dieser Umgebung fühlte ich mich als Kind „armer Leute" und betrachtete staunend die gut angezogenen Großabnehmer, die uns nicht einmal ansahen, wie ich glaubte.

Die Großmarkthalle verströmte für mich ein wenig den „Duft der großen, weiten Welt", in der viel Geld umgesetzt wurde. Die meisten Kunden hatten ein sehr selbstsicheres Auftreten, sie nahmen große Mengen ab und schienen jede Menge Geld zu haben, was man auch an den großen Lieferwägen sah, in denen sie ihre vielen Steigen verstauten.

Für meine Mutter war es schwierig, das Obst auf dem Fahrrad unterzubringen. So kaufte sie eines Tages etliche Kilo wunderschöne Kirschen, das Pfund zu 39 Pfennigen. Wir verteilten die Menge auf Taschen und Tüten, so gut es ging.
Ich saß auf dem Kindersitz und hielt meine Tüte mit krampfhaftem Bemühen fest, denn sie war so voll, dass sie oben kaum geschlossen werden konnte.

Da war es auch schon passiert! Ein Hund war auf das Rad zugelaufen; er bellte und wedelte mit dem Schwanz, sodass ich ihn hingebungsvoll betrachtete, während die so sorgsam

gehüteten Kirschen auf die Straße fielen. Sogleich beschnupperte der Hund die schönen Früchte und fraß einige davon. Das hatte ein italienischer Händler beobachtet, der mit einer kleinen Steige Kirschen auf uns zukam und sie uns schenken wollte, was meine Mutter zuerst nicht annehmen wollte.Dann aber gab sie dem Drängen des Italieners nach und bedankte sich vielmals.
Die Italiener waren ja die ersten Südländer, die nach dem Krieg nach Deutschland kamen. Zunächst betrachtete man sie neugierig, ihre schwarzen Haare und Augen und ihre lebhafte Art, mit unverwechselbarem Akzent deutsch zu sprechen. Es waren sehr schöne Menschen unter ihnen, exotisch und charmant. Trotzdem wurden sie oft wie Menschen „zweiter Klasse“ behandelt, und wenn ein Mädchen sich so einen italienischen Liebhaber aussuchte, dann wurde es fast wie eine Hure angesehen, merkwürdigerweise.

Es sollte noch sehr viel Zeit vergehen, bis die Menschen zur Pizzeria ums Eck wie in ihre heimische Wirtschaft gingen, mit einem „buona sera“ auf den Lippen, und sich etwas darauf zugute hielten, wenn sie vom italienischen Wirt als Stammgast einen besonderen Tisch bekamen.
Man kann nur hoffen, dass die Integration aller anderen Ausländer, vor allem aber der Muslime, in einiger Zeit genauso selbstverständlich geworden sein wird wie die der Italiener heute!

Räder anlehnen verboten!

Das Haus, in dem ich aufwuchs, ist ein altehrwürdiges, dreistöckiges Mietshaus, um die Jahrhundertwende erbaut. Es ist ein Haus, „das ein Gesicht hat“, wie einer meiner Onkel zu sagen pflegte: eine schöne, grünbeige Fassade in der Art eines einfachen Jugendstils, mit Blick auf eine große, von Linden umsäumte Wiese, eine für eine Großstadt sehr schöne Lage, damals auch noch sehr ruhig.

Das Haus, in dem ich aufwuchs

Ich sehe den typischen Vorgarten vor mir, eingefasst mit einer niedrigen Betonmauer und halb hohen, regelmäßig zugestutzten Sträuchern.
Ich zupfte an diesen akkurat aussehenden Sträuchern oft herum, riss einige Zweige ab und warf sie in den Vorgarten. Meine Mutter, die dies von oben beobachtete, ermahnte mich, das sein zu lassen, wenn nicht, würde die Polizei kommen. Ich konnte mir zwar nicht vorstellen, was das die Polizei anging, unterließ das Gezupfe aber dann doch lieber, denn man konnte ja nie wissen ...
Im Vorgarten wuchs dünner, wenig robuster Rasen, der so richtig nach Großstadt aussah. Diesen Rasen betrat man nicht lustvoll, denn er wirkte allzu zart-besaitet, und man wollte ihm nicht Gewalt antun, auch ohne das Schild: „Rasen betreten verboten!“, das in ihm steckte. Ganz abgesehen davon, dass vielleicht irgendwer Zeuge dieser Zuwiderhandlung werden konnte ...
Der Hauseingang war eher dunkel, freudlos, nicht gerade einladend.
Die vielen Schilder wie „Räder anlehnen verboten!“, „Das Waschen im Waschhaus kann nur erfolgen, wenn ...“, „Die Mittagsruhe von 12 – 14 Uhr und die Nachtruhe ab 22 Uhr sind einzuhalten, widrigenfalls ...“ flößten den Bewohnern Respekt ein, und sie hielten sich größtenteils daran.

Wir Kinder wurden sowieso dazu angehalten, uns nicht regelwidrig zu verhalten. „Tu dies nicht und lasse jenes!“ ging uns Kindern in Fleisch und Blut über, ohne dass wir lange überlegten, es war einfach so.
Im Haus wohnten, verteilt auf drei Stockwerke, zwölf Parteien. Jeder Mieter hatte dieselbe Wohnungstür aus braunem Massivholz mit Türknauf, Namensschilder und Briefschlitz aus glänzendem Messing.
Mit einem weichen Lappen trug man das Pflegemittel Sidolin auf – diesen Geruch habe ich heute noch in der Nase –, um

danach alles eifrig zu polieren, bis es glänzte wie Gold und jeder Hausfrau Ehre machte.
Damals gab es noch kaum Waschmaschinen, nur eine Waschmöglichkeit im Haus , das sogenannte Waschhaus. Es handelte sich um zwei Räume im Keller, zum Hinterhof hin gelegen, die von außen über eine Treppe begehbar waren.

Treppe zum Waschhaus

Wenn man waschen wollte, musste man sich beim Hausmeister voranmelden, um den Schlüssel zu bekommen.
Die Wäsche wurde dann in siedend heißem Wasser in einem riesigen Zuber gesäubert, die stärker verschmutzten Teile auf einem Waschbrett geschrubbt, was oft wir Kinder machen mussten. In den Waschräumen herrschten tropische Verhält-

nisse, warme Feuchtigkeit wie in einem Dampfbad, deshalb hielt man sich darin im Sommer weniger gern auf.
In den Speicherräumen direkt neben unserer Wohnung wurde die Wäsche dann aufgehängt, auch wieder streng nach Belegungsplan.
Damals gab es schon Mangelbetriebe, die vor allem Bettwäsche plätteten, die die Frauen (Männer betraten so einen Raum natürlich nicht!) – damit es nicht so teuer kam – selbst zusammenlegen konnten, wozu selbstverständlich auch wieder die Kinder herangezogen wurden.
Es wurde nicht diskutiert, ob wir helfen wollten, es war einfach so und alles Maulen half nichts.

Neben diesen Pflichten hatten wir Kinder viel Zeit zum Spielen und für andere Tätigkeiten, z.B. durch das Guckerl schauen, neudeutsch „Spion" genannt.
Ein winziges Loch, durch das man, als kleineres Kind noch auf einem Stuhl stehend, alle sich direkt vor der Haustür abspielenden Szenen beobachten konnte. Vorausgesetzt, man näherte sich auf leisen Sohlen einigermaßen geräuschlos dem Guckerl, dann bekam man – vielleicht – einiges zu sehen. Am meisten lauerten wir Kinder auf Heimlichkeiten und Kuriositäten; alles, was man irgendwie zum „Skandal" hochstilisieren und sich damit interessant machen konnte, war uns willkommen.

Wer legte wem den Arm um die Schulter, wer bekam – ohne verheiratet zu sein - – Übernachtungsbesuch, was damals ein Sakrileg ersten Ranges war, wer verkehrte mit wem, besonders innerhalb des Hauses? Wurde man gar Zeuge eines heimlichen Kusses zwischen Nachbarn, die verheiratet waren, hatte sich das lautlose Ausharren vor dem Guckerl gelohnt.
Unsere Eltern sahen es nicht allzu gern, wenn wir mit der „Welt vor dem Guckerl" in Berührung kamen, bedeutete es

doch manchmal ein erstes Entdecken unmoralischer Vorgänge in dieser Welt ...
So brodelte die Gerüchteküche und ergingen wir uns in wilden Spekulationen. Das Bild, das man von den Mitbewohnern gewann, war eher bruchstückhaft. Der Schein des Aus- bzw. Ansehens war wohl auch damals etwas anderes als das Sein!
Als ich etwa zwölf Jahre alt war, wurde unser Haus von mehreren Bränden heimgesucht, bei denen es sich erwiesenermaßen um Brandstiftung handelte.
Meine Mutter hatte bemerkt, als sie ein Kuchenblech zum Auskühlen ans Fenster stellte, dass aus den Dachschindeln feiner Rauch zog. Sie schlug sofort Alarm, zumal schon am Morgen neben einem Öltank im Keller ein Feuer gelegt worden war, das meine Mutter ebenfalls bemerkt hatte und das man aufgrund der frühen Entdeckung rasch hatte stoppen können.

Solange man die Täter noch nicht dingfest gemacht hatte, rankte sich ein dichtes Gewirr von Verdächtigungen um dafür vermeintlich in Frage kommende Nachbarn ...
Da war die „alte Hexe“, eine sehr nachlässig gekleidete und übelriechende Alte, aus deren Wohnung stets Duftschwaden von abgestandenen Essensresten, Katzenkot und anderem mehr zogen. Sie hatte meist ein irgendwie irr wirkendes Lächeln auf den Lippen und murmelte absonderliche Worte. Jedenfalls war sie für uns Kinder nur die „Hexe“ und auch für die Erwachsenen, die es eigentlich besser hätten wissen sollen.
Natürlich war sie im Nu die „Hauptverdächtige“ für viele im Haus. In Frage schien außer ihr nur noch ein nicht mehr ganz junger Mann zu kommen, der immer noch bei seiner Mutter wohnte, einen Sprachfehler hatte und nicht ganz „normal“ wirkte.

Die Kriminalpolizei ermittelte die Schuldige in einem ganz anderen Umfeld: die Frau eines Akademikers, jung und hübsch und allseits beliebt, eine Mutter von zwei kleinen Kindern, deren Motive für die Mitbewohner weitgehend im Dunkeln blieben. Später erfuhr man, dass die junge Frau nach monatelanger Suche in einem Wald tot aufgefunden worden war, sie hatte sich vergiftet ...

Etwas gruselig und furchterregend war es für uns Kinder, wenn wir in den Keller gehen mussten, nicht erst seit der Brandstiftung, sondern schon vorher.
Damals heizte man noch weitgehend mit Kohlen oder Briketts, die in den großen Kellerabteilen neben altem Gerümpel gelagert waren.
Mit einer Schaufel schippte man hastig einige Kilogramm Kohlen in den Eimer, immer bang um sich sehend, ob nicht irgendein „Geist“ oder Übeltäter auszumachen war. Die schweren alten Eisentüren aus der Kriegszeit beschworen Bilder aus der Zeit des Fliegeralarms und des Luftschutzes herauf. Die meisten Kinder wussten davon nur aus den Erzählungen ihrer Eltern, die älteren unter ihnen mochten als Kleinkinder hier mit ihnen der Entwarnung entgegengebangt haben.

Selbstverständlich war für uns Kinder damals auch, dass wir – meist älteren, gebrechlichen Mitbewohnern - anboten, ihnen schwere Dinge aus dem Keller zu tragen.. Nicht selten bekam man dafür nicht nur ein anerkennendes Lob, sondern auch noch ein Guatl, ein Bonbon, geschenkt.

Eine Nachbarin auf unserem Stockwerk war Kostümbildnerin im Residenztheater. Im Laufe unserer langjährigen Nachbarschaft hat sie nicht nur für uns Kinder mehrmals den Nikolaus gespielt, sondern uns auch mit vielen Freikarten für das Residenztheater bedacht. Ich weiß noch, wie ich über alleMaßen staunte, als ich das erste Mal in der Kindervorstellung von „Admiral Bobby“ richtige Kulissen sah. Alles sah so echt aus – ein richtiges Schloss, eine richtige Allee – getaucht in dieses fantastische Scheinwerferlicht. Eine Wunderwelt für uns Kinder!

Einmal durften wir die Theaterschneiderei besichtigen. Dabei wurde ich allerdings eher desillusioniert: sahen die Kleider der Königinnen und Prinzen auf der Bühne bei entsprechender Beleuchtung zauberhaft aus, wirkten sie bei Tageslicht fast ein bisschen vulgär, vor allem die schrillen Farben der voluminösen Königinnen und Prinzessinnen.

Die Kindheit in einem Mietshaus zu verbringen, war also nur auf den ersten Blick eine etwas freudlose, in Vorschriften und Paragrafen der Hausordnung eingezwängte Welt.

Es ist derselbe Mikrokosmos des Lebens, wie in einer Kleinstadt oder in einem Dorf, mit allen Freuden, Aufregungen, Abenteuern und Geheimnissen. Das Leben ist hier wie dort Schein und Sein!

Sommerfrische

Die kleine Bäuerin mit dem grauen Haarknoten und der Kleiderschürze war für mich und meine Schwester ein heiß ersehnter Anblick, wenn sie aus der Tür des Bauernhauses trat, uns mit lachendem Gesicht entgegenging und mit einem kräftigen „Griass enk!“ begrüßte.

Wir liefen ihr entgegen, und ich weiß heute noch, dass es sich wie „Glück pur“ anfühlte, dieses wunderschöne Dorf „Schönberg“ – wie in jedem Sommer – wiederzusehen; ein Dorf, umgeben vom Ammergebirge ganz in der Nähe der Wieskirche mit einem herrlichen Panoramablick ringsum.

Schönberg

Ich sehe das etwas baufällige Bauernhaus mit den kleinen, grünen Fensterläden und dem bunten Garten vor mir, direkt neben dem Wohnhaus der Eingang in den Stall, dem wir natürlich als erstes einen Besuch abstatteten.
Der Duft frisch geschnittenen Heus und der weniger angenehme Geruch eines Misthaufens wehte mich an und ist für mich bis zum heutigen Tag die Assoziation für Ferien, Nichtstun, raus aus der Stadt!
Den „Urlaub auf dem Bauernhof" hatte mein Vater eingefädelt, er hatte Bekannte aus seiner Militärzeit in Schönberg aufgesucht und vorgeschlagen, hier einige Wochen Ferien zu verbringen.
Für ein Kind meiner Zeit war das Verreisen etwas ganz Besonderes, man hatte das Gefühl, selbst wenn man nur 100 km fuhr, vom Heimatort sehr weit entfernt zu sein. Hier erschloss sich uns eine neue, faszinierende Welt, was den Erholungsfaktor enorm verstärkte.
Der Juniorchef meines Vaters hatte meine Mutter, meine Schwester und mich mit dem Auto in unsere Ferienidylle gebracht. Mein Vater fuhr uns mit einem Fahrrad mit Hilfsmotor, genannt Zündapp, hinterher, damit während unseres Aufenthaltes eine gewisse Mobilität bezüglich des Einkaufens gegeben war. Er brauchte für die ca. 80 km lange Strecke etwa drei Stunden, was man heute kaum mehr glauben kann. Die Dorfjugend spottete, wenn sie seines „Fahrrads" ansichtig wurde:
„Bischt wiedr mitm Blendax kemma?", fragten sie ihn, und er lachte mit.
In der Mitte des Dorfes war unser Bauernhaus gelegen, in dem wir zwei Zimmer bezogen, das Schlafzimmer und die Wohnstube der Bauernfamilie, die sich in anderen Räumen irgendwie behalf, denn der Bauernhof war keineswegs so groß, wie das heute der Fall ist. Extra eingebaute Wohnungen gab es nicht, die Küche benützten wir gemeinsam, zum Waschen gab es eine Schüssel mit einem Krug voll Wasser,

und wer auf die Toilette musste, ging eben durch den Kuhstall und benutzte das Plumpsklo.

„ Unser“ Bauernhof

Das Dorf bestand aus etwa 20 Häusern, es gab ein Wirtshaus, eine Kirche und einen Kramerladen.

Wir waren „voll in unserem Element“ in den kommenden Wochen, durften rechts und links auf dem lärmenden und rüttelnden Traktor sitzen, um dabei zu sein, wenn die Bauern ihre Heuernte einfuhren. Natürlich saßen wir auch hoch oben auf dem Heuwagen, was ein ganz besonderes „Highlight“ war, denn wir kamen uns auf unserem „Hochsitz“ richtig mutig vor.
Am Abend bekamen wir einen Stock in die Hand gedrückt und halfen beim Eintreiben der Kühe, was keine leichte Aufgabe war. Dabei musste man die Angst vor den Respekt einflößenden Tieren bezwingen, so nah, sozusagen Auge in Auge waren wir einer solchen Menge von Kühen ja auch noch nie begegnet. Dann ging es in den Kuhstall, wo wir zusahen,

wie die Kühe von Hand in einen Eimer gemolken wurden, und wir hin und wieder mit einem Milchstrahl von den Bauernsöhnen bespritzt wurden.
Das Schönste aber war, wenn am Abend in der Stube die Ziehharmonika erklang. Meine Lieblingslieder waren das „Trompetenecho“ und die „Bergvagabunden“. Und wenn dann noch die Bäuerin, die sehr gut erzählen konnte, in ihrem herrlichen Dialekt, den wir - obwohl sehr kehlig und hoprig - auf Anhieb verstanden, ihre Geschichten von den armen Seelen aus dem Jenseits erzählte, dann war das Falschglück perfekt.
Einmal meinte sie mit einem verschmitzten und verschämten Lächeln: „Wenn i driaber nochdenk, wia des mitm Jesus am jüngschta Tog is, dann siechin von Rottabuach (Rottenbuch, das berühmte Barockjuwel des Pfaffenwinkels) kemma auf de Wolkn zu ins (uns) her, na, ehrliach wohr!“

Sommerfrischlerinnen

Der Kontakt zu den Dorfbewohnern war vielfältig. Man traf sie am Sonntagmorgen in der Kirche, wo sie nach der Messe

ihre Hälse reckten, wer denn da von „Minka“ (München) gekommen war. Der Pfarrer, ein echter Oberammergauer mit Vollbart, donnerte von der Kanzel seine Predigten, die, wie damals üblich, sehr deftig und aufrüttelnd waren. Er war auch der Dorflehrer.
Eines Tages traf er meine Mutter mit uns Kindern, er sah uns genauer an und meinte, wir sollten gerader gehen. Dann brachte er zu unserer Verblüffung aus dem Schulhaus einige Bücher, legte sie uns auf den Kopf und sagte, so würden wir das Geradegehen schon noch lernen.
Später ging mein Vater mit uns halbwüchsigen Mädchen öfter in die Wirtschaft, wo er sich mit den Einheimischen unterhielt, die er im Geheimen die „Gscherten“ nannte ...
Eines Tages lernten wir zwei junge Männer aus Berlin kennen, die hier kurzfristig arbeiteten. Leider entging es unserem Vater, dass wir von ihnen einige Gläschen Puschkin mit Kirsche angeboten bekamen, die wir natürlich auch tranken. Es kam so, wie es kommen musste, ich verließ mit einem der beiden jungen Männer das Wirtshaus, um spazieren zu gehen ...
Es war ein sehr schöner, lauer Sommerabend mit Mond und Sternen, und so verlor ich das erste Mal das Herz an einen jungen Mann, der mir überaus gut gefiel. Er gab mir den ersten richtige Kuss in meinem knapp sechzehn Jahre alten Leben, und ich kam mir plötzlich erwachsen vor ...
Da soll noch mal einer sagen: „Auf der Alm, da gibt’s koa Sünd!“ In der Großstadt wäre uns dergleichen nicht passiert, da hätte uns wohl auch niemand in ein Wirtshaus gehen lassen im eher zarten Alter von knapp sechzehn Jahren.
Meine Eltern hatten nach diesen Erlebnissen wohl beschlossen, es sei besser, uns nicht mehr diesen Anfechtungen auszusetzen, und so kam ich erst viel später wieder nach Schönburg, das sich mittlerweile baulich sehr verändert hatte. Es gab aufgrund eines „grünen Plans“ viele Aussiedlerhöfe , es gab auch ansonsten viele Neubauten auf diesem schönen

Berg; das Traurigste aber war, dass „unser“ Bauernhaus abgerissen worden und darauf ein Kriegerdenkmal errichtet worden war.

Das Dorf „Schönberg“ ist trotz aller Neuerungen immer noch wunderschön, und die Ferien meiner Kindheit sind eine unauslöschliche Erinnerung für alle Zeiten.